RÉFLEXIONS

SUR

L'ÉDUCATION,

Par J. B. MAUDRU,

Auteur du *Nouveau systéme de lecture applicable à toutes les Langues.*

SECONDE ÉDITION.

Maxima debetur puero reverentia.
Juvenal.

A PARIS,

Chez { L'AUTEUR, rue S. Martin, maison de M. Perret, Limonadier. 344
BLEUET, pere, Libraire pont Saint-Michel.

1792.

RÉFLEXIONS

SUR

L'ÉDUCATION,

Par J. B. MAUDRU,

Auteur du *Nouveau systéme de lecture*
applicable à toutes les Langues.

SECONDE ÉDITION.

Maxima debetur puero reverentia.
Juvenal.

A PARIS,

Chez { L'AUTEUR, rue S. Martin, maison de M. Perret,
Limonadier. n.° 344.
BLEUET, pere, Libraire pont Saint-Michel,

1792.

AVANT-PROPOS.

Un homme de lettres, Hongrois de nation, M. Yankowitsch, envoyé de Vienne en Russie, par l'empereur Joseph II à l'impératrice Catherine II, pour créer dans les Etats de cette Princesse et pour y diriger une éducation nationale; a donné lieu à la réimpression de cet ouvrage. Je lui en avois communiqué un exemplaire, le seul peut-être qui existât; pour que l'ayant lu, il me le rendît. Mais quand, au bout d'un certain laps de tems, je le lui redemandai: d'abord, il s'excusa, sur ce qu'il ne l'avoit pas encore lu entiérement; puis, il m'avoua enfin que, comme cet ouvrage ne se trouvoit nulle part, il s'étoit déterminé, pour l'avoir dans sa bibliotheque, à le faire copier; me priant d'excuser cette infidélité. Je me rappellai dans ce moment, le *sic vos non vobis fertis aratra boves* de

Virgile : et l'envie de faire copier ce livre (*a*) a produit celle, en le faisant réimprimer, d'épargner l'embarras des copies, presque toujours moins correctes et toujours plus coûteuses.

On donne l'ouvrage tel qu'il a été imprimé en 1778, à l'Académie Impériale des Sciences de S. Pétersbourg, aux frais de cette Académie. Puisse la lecture de ces Réfléxions en faire naître de plus utiles ! Puisse l'Auteur, arrrivé au port après mille orages, réaliser enfin la douce et longue espérance, de donner quelque chose d'une utilité plus sensible que des réfléxions vagues !

(*a*) Ayant depuis perdu ce volume et n'ayant plus que le manuscrit mais sans les tables, j'ai été obligé, pour les récrire, de recourir à ma mémoire, m'étant mais inutilement adressé au même m. Yankowitsch, qui m'a fait dire qu'il ne se souvenoit pas que je lui eusse jamais rien prêté.

Cette note-là ainsi que cet avant-propos, ont été composés tels à S. Pétersbourg ; l'avant-propos, en 1784 ; et la note, en 1790 ; époque où, en 1784, l'Auteur avoit conçu, sans l'avoir jusqu'ici exécuté, le dessein de faire réimprimer cet ouvrage, sans autre addition que ce même avant-propos.

AVERTISSEMENT.

CES *Réfléxions*, que l'on présente sous la *forme d'un* Plan d'Education *fort abrégé, il est vrai, et peu méthodique ; mais suffisant, ce semble, dans la circonstance actuelle, et capable d'inspirer aux parens une juste confiance :* avoient été anciennement écrites pour une éducation particuliere. Ce même plan a été demandé par une personne qui, depuis long-tems, conduit la jeunesse avec succès ; pour l'exécuter chez elle, sur des pensionnaires de l'un et de l'autre sexe : et l'on a cru, le faisant imprimer, devoir le laisser subsister en son entier ; avec la précaution seulement de mettre en italique ce qui a semblé convenir plus proprement aux maisons particulieres, et celle d'ajouter quelques notes, la plupart, relatives à l'éducation publique. D'autres caracteres particuliers y distinguent ce que l'on peut nommer, si l'on veut, éducation raisonnée ; afin qu'il soit plus facile au Lecteur de sauter ce qu'il voudra.

Peut-être que certains détails sembleront

d'abord puérils : mais on cessera de les regarder comme tels ; quand on considérera que rien de ce qui peut contribuer à former l'homme moral n'est puéril, et que d'ailleurs, ce n'est pas pour un peuple de savans, que l'on écrit ici.

On avoit aussi déjà fait imprimer le plan d'un Cours public de Langue Françoise ; et c'est ce plan que l'on a mis à la fin, après y avoir fait quelques retranchemens.

Une dernière chose à ajouter, c'est que l'Auteur, autant que les circonstances le lui permettront, est disposé à seconder les efforts de la personne pour qui a été imprimé ce plan, dont il doit, lui-même, diriger l'exécution.

INTRODUCTION.

1°. **A**VANT de commencer une éducation, le premier pas à faire est de dresser un plan. Pour former les hommes, il faut un plan comme il en faut un pour les gouverner. Ce plan, c'est à celui qui est chargé de l'éducation à le composer; et aux parens, à le modifier au gré de leurs vues, ou des circonstances que le premier n'a pas pu prévoir : afin qu'ainsi rectifié et adopté ensuite, il regle, pour toujours, la conduite de l'Instituteur; comme la Loi est ce qui regle le Magistrat.

Nécessité d'un Plan d'Education.

2°. Un plan d'éducation ne doit rien contenir qui ne soit d'une exécution aisée, rien qui soit chimérique. Celui que l'on va lire est dans ce goût.

3°. Tout enfant qu'il s'agit d'élever doit être considéré sous deux aspects. 1°. Il appartient à ceux de qui il a reçu le jour. 2°. Il appartient à l'Etat ; plus à l'Etat encore qu'aux parens; et ce double rapport est comme la boussole de l'Instituteur.

4°. De ce principe si lumineux et si fécond découlent deux grandes conséquences, qui sont comme les deux buts essentiels de toute éducation. Le premier but et le principal,

est de préparer à l'Etat un nouveau citoyen ; et l'autre, de préparer aux parens
un ami sûr et fidele.

5°. Un nouveau citoyen ; en faisant à propos connoître à l'enfant ses diverses relations, pour les lui faire chérir et respecter.

6°. Un ami sûr ; en l'accoutumant de
bonne heure à être soumis aux volontés
de ses parens, à être respectueux à leur
égard et tendre.

7°. Quoi de plus accablant pour un pere
que l'ingratitude d'un enfant ? Quoi de
plus consolant au contraire, que le spec-
tacle d'un fils attentif à reconnoître les
soins qu'a coûtés son éducation ? C'est alors
qu'il est doux d'être pere. C'est dans le cœur
reconnoissant de son fils, qu'un pere trouve
la récompense due à ses longs travaux.
Mais ces fruits si doux de la reconnoissance,
peuvent-ils germer ailleurs que dans un
bon cœur ?

8°. Ces relations sacrées de fils, d'époux,
de pere, ect. ; ces relations qui constituent
le citoyen ou, ce qui est la même chose,
l'honnête homme ; ces relations autrement
appelées principes, sont nulles aux yeux
d'un mauvais cœur. Un voile impénétrable
les couvre et les lui dérobe pour jamais. Un
mauvais cœur est à la société, ce qu'est
à l'arbre une branche morte ou parasite.

PLAN

PLAN.

CHAPITRE PREMIER.

9º. LE cœur est la premiere chose à laquelle il faut attacher ses soins. Il faut s'y attacher de bonne heure, et sans laisser au mal le tems de jetter de profondes racines. Or pour le former, rien de plus efficace que le bon exemple et l'habitude de faire le bien. Culture du cœur.

10º. Les préceptes ne font tout au plus qu'attiédir l'ame. L'exemple est plus puissant, il l'échauffe ; l'exemple et l'habitude, fille de l'exemple ; ont plus de force que tous les philosophes, avec tous leurs livres : et la retraite est l'école où s'acquiert cette heureuse habitude du bien, laquelle n'a pas de plus grand fléau que la dissipation.

11º. (*a*) Delà pour l'enfant, la nécessité de mener une vie retirée. Vie retirée.

12º. Une vie uniforme est également sa- Vie uniforme.

11º. (*a*) C'est un de ces avantages qu'offre une maison d'éducation publique. Une telle maison quand c'est un esprit sage qui la dirige, est comme un asile contre l'air contagieux que l'on respire dans le monde.

B

lutaire. Une vie uniforme fortifie le corps : et dans un corps vigoureux, l'ame est vigoureuse ; elle opère et plus librement et plus sagement.

Vie réglée

13°. L'ordre n'est pas moins nécessaire : l'ordre seul ralentit la course rapide du tems ; avec l'ordre, on trouve du tems pour tout ; sans l'ordre, on n'en trouve jamais assez ; tout devient aisé pour qui est ami de l'ordre, et tout est difficile pour qui ne l'aime pas.

14°. Une vie bien ordonnée est la sublime image de la Nature, et telle doit être la vie que mènera l'enfant : l'ordre doit en régler tous les instans ; les heures du lever et du coucher seront réglées ; les heures des repas, également réglées ; les heures de récréations, réglées ainsi que les heures d'exercices.

Vie laborieuse.

15°. L'habitude du travail nourrit l'ame et sert de contre-poison au vice. Un homme livré au travail passe des jours filés par l'innocence ; et le sage emploi qu'il a fait de sa journée est comme le chevet où, le soir, il goûte le doux sommeil, récompense de son travail.

16°. Ainsi, la plus grande partie de la journée sera consacrée au travail ; et les travaux seront entrecoupés par les repas et par les récréations, qui suivront les repas.

17°. (*a*) *Les repas pris en particulier, chose qui se pratique dans plus d'une maison, offrent plusieurs avantages : la vie est plus frugale ; la régularité, plus grande ; et la durée, moindre.*

18°. Les fautes échappées contre la bien-séance, contre la langue ; sont reprises plus librement.

19°. Le gouverneur, tout en mangeant, racontera un trait d'histoire que l'éléve répétera tout en mangeant, apprenant ainsi à narrer.

20°. (*b*) On pourroit même pratiquer plus ou moins ce qui, en France, se pratique à tous les repas, dans tous les colleges, qui est de faire quelque bonne lecture.

21°. Faut-il, pour le bien de l'éleve, le priver quelquefois de quelque petite douceur ? Nulle considération étrangere ne vient y mettre empêchement.

22°. *De tems en tems et à titre de récom-pense, la permission seroit donnée de prendre place à la table des parens.*

17°. (*a*) Cette frugalité des repas, leur régula-rité et leur durée ; sont essentiellement attachées à l'éducation publique. La propreté doit y régner ; et la nourriture, y être abondante et saine.

20°. (*b*) Rien n'empêche d'adopter cet usage, dont le seul inconvénient est de devenir inutile à certains esprits dissipés ; pendant qu'il servira à des esprits curieux et solides.

B 2

23°. Les récréations ne sont proprement que des remedes, et l'abus des remedes est nuisible. L'objet unique des récréations est de délasser l'esprit, dont le ressort trop tendu pourroit perdre son élasticité.

24°. (*a*) La durée des récréations sera donc proportionnée aux besoins de l'esprit, et le choix en sera réglé selon ces mêmes besoins.

25°. Les jeux plus propres à tendre l'esprit qu'à le délasser, seront bannis par cette raison ; et la préférence sera pour les exercices du corps lesquels ne demandent que de l'adresse, sans avoir rien de dangereux.

26°. Le volant, *le billard*, *le palet*, *la paume*, le jeu de boules ect. ; seront permis : et les jeux de cartes ect., interdits. Les jeux de dames ou d'échecs peuvent se permettre dans les jours de vacance.

27°. *L'histoire offre l'exemple d'un grand*

24°. (*a*) Là où les deux sexes sont rassemblés : les garçons doivent prendre leurs récréations à part ; et les filles, à part. Cette précaution doit s'étendre aux exercices. La danse et les repas sont les seules choses qui fassent exception ici. Les deux sexes, alors, se rassembleront ; sous les yeux de leurs supérieurs et sous la garde de la décence la plus sévere.

Prince (a) qui, fatigué des soins pénibles du gouvernement, alloit se délasser dans son jardin, qu'il cultivoit, lui-même. Rien n'empêche d'imiter un tel exemple ; et au défaut d'un jardin, d'aller dans un cabinet d'histoire naturelle, dans quelque cabinet de physique ou dans des ateliers, passer quelques heures qui tourneront tout à la fois et au profit du corps et au profit de l'ame. C'est comme un cours de philosophie dont rien n'égale l'utilité, si ce n'est la facilité de le faire et l'agrément qui l'accompagne.

28°. Ce seroit peu que tout cela, sans la précaution de n'environner l'enfant que de gens sages. Écueils.

29°. L'enfant imite tout ce qu'il voit, tout ce quil entend ; et souvent, un simple mot indiscrètement lâché peut devenir, chez lui, le germe d'un vice. Les domestiques sur-tout peuvent nuire beaucoup : corrompus qu'ils sont, l'air que l'on respire au milieu d'eux porte l'infection dans l'ame ; et le mal, sans que l'on s'en apperçoive, s'inocule auprès d'eux avec une facilité extrême.

30°. Cette pente qui nous porte au mal et la contagion du mauvais exemple, imposent à l'instituteur l'obligation de la plus scrupuleuse vigilance. Devoirs de l'Instituteur.

(a) Cyrus le jeune.

31°. Il doit veiller sans cesse : observer son éleve dans tous les instans : pénétrer dans son cœur : en développer les plus petits replis, et en épier les plus secrets mouvemens pour les diriger vers le bien : actions, paroles, gestes, regards ; il doit tout recueillir : tenir en particulier un compte exact de tout ; pour, comme sur une base solide, asseoir un jugement vrai qui puisse le guider au besoin.

32°. Il doit connoître parfaitement la façon de sentir de son éleve, sa façon de voir ; pour modifier ensuite son plan au gré des circonstances, et l'adapter exacte-ment au caractere de l'enfant et à la tournure de son esprit. C'est ainsi qu'un mé-decin prudent emploie telle méthode avec tel malade ; et telle autre, avec tel autre.

33°. Discret, il doit tout voir et ne rien voir ; tout entendre et ne rien entendre ; apprécier tous ceux qui entourent l'enfant, et le dégré d'influence qu'ils peuvent avoir sur lui.

34°. (a) La prudence doit sans cesse marcher à ses côtés. Habile à prévoir les obstacles, il faut qu'il ait le courage de les surmonter.

34°. (a) Ce que l'on dit ici de l'Instituteur, est sur-tout applicable à celui qui, dans une édu-cation publique, dirige l'ensemble.

35o. Une tâche aussi délicate, aussi pénible, veut un homme d'un zele à toute épreuve ; un homme ennemi de la dissipation et des plaisirs ; un homme qui, de bonne heure, ait fermé l'oreille à l'ambition ; un homme aussi désintéressé que la probité le permet ; qui au mérite brillant de dire de belles choses, préfere le mérite obscur d'en faire de bonnes ; un homme dont la modestie égale le désintéressement : autrement, il ne pourroit que se déplaire dans son état ; sa carriere n'étant celle, ni des honneurs ni de la fortune ni des plaisirs.

36o. (*a*) Plutôt fait pour diriger l'enseignement, que pour enseigner, lui-même ; il doit être plutôt judicieux que savant. Le fil de la pratique lui est nécessaire. Il faut que par devers lui, il ait l'avantage d'avoir pratiqué long-tems, d'avoir pratiqué avec succès ; y ayant une infinité d'idées que la pratique seule peut donner.

37o. L'indulgence et la douceur doivent faire la base de son caractere, la rigueur n'étant propre qu'à faire des esclaves.

36o. (*a*) Un tel homme est assez occupé de tant de soins qui renaissent autour de lui chaque jour, sans qu'il aille se surcharger encore du fardeau de l'économie. Le moral de l'éducation doit l'attacher tout entier, loin des fastidieux détails du menage.

38⁰. Il faut que sa conduite soit une leçon parlante ; et que sévere pour lui-même, il ne se permette jamais rien que son éleve ne puisse imiter.

39°. Il doit se pénétrer souvent de cette belle pensée : qu'un Instituteur est un homme qui environné de passions n'en doit, pour ainsi dire, avoir aucune ; qui placé entre l'Etat et les parens, acquite envers le premier, leur dette ; dette, l'une des plus sacrées et dont l'Etat ne peut être frustré sans un vol manifeste. La vue de ses nobles devoirs enflammera son cœur, et le soutiendra contre les assauts trop souvent victorieux de l'inconstance et du dégoût.

40°. Loin de se relâcher alors, il portera ses regards plus avant : et par-tout où, en fait d'éducation, il rencontrera quelque pratique salutaire et nouvelle pour lui, il l'adoptera généreusement ; pour mieux vaincre les ennemis qu'il a en tête, je veux dire, l'ignorance de l'éleve et ses passions déréglées. Les Romains, que le Lecteur pardonne cette seconde citation, les Romains, par-tout ailleurs si fiers, ne rougissoient point, quand ils trouvoient chez les peuples vaincus, des usages préférables aux leurs, de quitter ceux-ci pour adopter ceux-là.

41°. *Après le choix de l'Instituteur, celui qui demande le plus de soin est le choix des Maîtres ;*

Maîtres ; et ce choix regarde l'Instituteur, que la connoissance qu'il a de son éleve et son expérience dans l'art d'enseigner, mettent plus à portée de cela.

42°. Les maîtres doivent être suffisamment instruits. Il faut qu'ils enseignent avec douceur, qu'ils soient patients et honnêtes.

43°. L'exactitude est une qualité essentielle et que l'on doit exiger d'eux. La dissipation naturelle aux enfans demande que l'on leur répete souvent les mêmes choses. Ce sont des malades, auxquels il faut donner peu à chaque fois et souvent.

44°. La capacité dans un Maître, ne suffit pas ; si d'ailleurs, il n'a pas ce que l'on appele esprit de méthode. Rien n'est plus ordinaire que de voir des gens qui, quoiqu'instruits, enseignent mal : parce qu'autre chose est de savoir pour soi ; et autre chose, de savoir pour les autres. De tels maîtres donc sont peu nécessaires ici ; ceux que l'on demande doivent enseigner méthodiquement, c'est-à-dire, avec ordre, avec précision et avec clarté.

45°. Ce n'est pas tout encore : et comme une méthode n'est bonne qu'autant qu'elle convient à l'enfant qu'il s'agit d'enseigner ; il faut que les maîtres se prêtent avec docilité aux idées de l'instituteur, afin que leurs différentes méthodes puissent se concilier avec les vues de celui-ci, qui seul connoît l'ensemble et voit la place que chaque partie y occupe. C'est l'Instituteur qui est l'architecte de l'édifice; et les maîtres ne font, tous, que concourir, chacun à leur maniere, à l'exécution de son plan.

Devoirs des maîtres.

46°. Les maîtres enseigneront sous l'inspection de l'Instituteur, juge-né de leur besogne. Ils s'observeront et s'abstiendront de causer mal-à-propos; de raconter les nouvelles du dehors; et de consumer, en bagatelles semblables, un tems précieux.

Qualités du domestique.

47°. (a) Le choix d'un domestique est aussi une chose qui demande du discernement. Quelque vigilance qu'apporte l'Instituteur, quelqu'assidu qu'il soit; il ne peut pas toujours être avec son éleve: et c'est alors qu'un domestique peut influer sur l'éducation, par sa maniere de se comporter.

48°. Celui que l'on cherche ici ne doit être, ni joueur ni ivrogne ni débauché. Il doit être doux, actif, laborieux et sédentaire, recevant peu de visites, encore moins de visites de la part de domestiques corrompus.

47°. Les jeunes gens, dans quelque tems que ce soit, à moins qu'ils ne soient chez leurs parens; ne seront jamais sans quelque personne choisie et propre à les surveiller.

49°. *Il faut un homme intelligent ; un homme sachant lire et écrire ; que le gouverneur puisse occuper ; et qui ayant moins de loisir, soit moins exposé à la tentation de mal faire.*

50°. *Si ce domestique sait quelque langue autre que celle du Pays ; cela n'en sera que mieux ; sur-tout, s'il la prononce bien.*

51°. *Il faut qu'il dépende absolument de l'Instituteur ; et que la dépendance soit d'autant plus étroite, qu'étant près de l'éleve, il a nécessairement plus d'influence sur lui.*

52°. *Or il en dépendra s'il est du choix de l'Instituteur ; et s'il sait que celui-ci peut le garder ou le congédier, le punir ou le récompenser.*

53°. *Le domestique ne doit servir personne autre que l'enfant et le gouverneur. Il doit se tenir auprès de l'enfant le plus assidûment qu'il se pourra : pour le soigner au besoin ; pour observer tout ; et rendre au Gouverneur un fidelle compte de tout ce qu'il aura ou vu ou entendu, et qu'il importe au Gouverneur de savoir afin de régler sa conduite en conséquence.*

54°. *Le changement de domestiques peut porter préjudice : ce que l'on préviendra ; si le choix fait, on attache le domestique par des gages tels qu'ailleurs, il n'en trouve pas de meilleurs.*

55°. *On peut même, suivant que l'on sera plus ou moins content de lui, exciter*

Devoirs
du domes-
tique.

son zele par quelques petites récompenses données de loin en loin.

56°. Les récompenses sagement distribuées ressemblent, en quelque sorte, à cette pluie d'or dont parle la fable ; elles pénetrent les cœurs et les dilatent. Les récompenses sont de puissants ressorts dans les gouvernemens : et de tels ressorts ne sont pas moins nécessaires dans la main de l'Instituteur, chargé de gouverner des hommes en petit, que dans celle du Souverain, chargé de gouverner des hommes faits; s'il est permis de comparer de petites choses à de grandes. Les hommes faits ont le flambeau de la raison, qui les éclaire; et ce flambeau est un mobile de plus, lequel manque aux enfans et rend, pour eux, les récompenses plus nécessaires encore.

57°. Ces récompenses seront le plus souvent des livres ; afin qu'en piquant l'émulation, elles inspirent, en même tems, le goût salutaire de la lecture.

58°. (a) L'émulation, ce germe des grandes choses, est sur-tout attaché à l'é-

58°. (a) Ici, l'on mesurera les enfans, non par le progrès des années mais par celui des connoissances et de la capacité : et en ce sens-là, les forts seront avec les forts; les médiocres, avec les médiocres ; et les foibles, avec les foibles. Ce qui composera autant de classes différentes; et par cette

ducation publique. L'éducation publique a de très-grands avantages que n'a pas l'éducation privée (a) ; *et rien de plus sage que de réunir ces deux especes d'éducation, en associant à l'éleve quelques enfans choisis et de la même force.* On peut alors établir de petites marques de distinction telles qu'un ruban ou une croix, qu'aura le droit de porter celui qui s'en sera rendu digne.

59°. Les récompenses seront de deux sortes : les unes, prix de la bonne conduite, seront les plus honorables ; les autres seront le fruit du travail.

60°. Si les récompenses portent la volonté vers le bien, les punitions la détournent

Punitions.

---

distribution, l'on évitera de faire concourir, entr'eux, des enfans de classes différentes ou de forces inégales ; inconvénient, qui en décourageant nécessairement les uns, inspireroit infailliblement aux autres un excès de confiance lequel les porteroit à se relâcher.

Ailleurs que dans les exercices et autant qu'il se pourra, les plus vieux seront avec les plus vieux ; et les plus jeunes, avec les plus jeunes.

(b) Le Lecteur comprendra sans doute que par éducation publique, il s'agit de la meilleure qui soit possible ; qu'il faut en dire autant de la privée ; et que ce sont ces deux especes d'éducation ainsi envisagées, que l'on compare entr'elles.

du mal. Les récompenses et les punitions sont les deux pivots de la conduite des hommes.

61°. Les récompenses, lorsqu'elles ne sont pas accompagnées du discernement, livrent à la paresse : et les punitions, à la colere ; quand ce n'est pas l'équité, qui les inflige.

62°. Les punitions sont des remedes auxquels le trop fréquent usage ôte leur vertu.

63°. Les punitions, pour être efficaces, doivent être analogues aux fautes. L'orgueil doit être puni par l'humiliation ; la paresse, par un surcroît de travail ; la gourmandise, par la privation d'un mets ect.

Journaux.

64°. (*a*) Afin de rendre le disciple plus attentif et plus circonspect ; on tiendra, jour par jour, un compte exact des fautes (*b*) graves qu'il aura commises.

64°. (*a*) Ces especes de journaux seront des tables dans le goût de celles qui terminent ce Plan, et distinguées par le nom de *tables* de *vie* et de *tables* d'*études*.

Dans un livre à part, dans le grand livre, seront recueillies, sur chaque eleve et séparément, les observations qui auront été faites sur son caractere durant un certain tems.

(*b*) Peu de gens savent se mettre dans le point de

65°. (*a*) Les fautes contre la propreté ou l'exactitude, la docilité ou la politesse ; seront marquées dans un livre. On marquera, dans un autre, les fautes qu'il aura faites en travaillant ; et dans un troisieme, celles qu'il aura faites en parlant, avec la correction à côté.

66°. (*b*) Ces especes de journaux laissés sous ses yeux, seront comme le miroir de ses fautes.

---

vue qui covient ; pour juger sainement de ce qui est faute dans les enfans, d'avec ce qui n'en porte que l'apparence. Pour bien placer une réprimande et la faire en termes mesurés : il faut avoir long-tems étudié les hommes ; les bien conoître ; et rejetant les conseils de la passion, ne consulter que la nécessité. Que de personnes dont tous les talens, en fait d'éducation, consistent à réprimander à tort et à travers des enfans qui s'en moquent !

65°. (*a*) Les fautes contre le langage, l'éleve, lui-même, quand il en sera capable, les écrira, la date en marge ; et à côté de la faute, la correction sous la dictée du maître, dans une sorte de petit *errata*, que chaque éleve portera sur lui et qu'il relira de tems en tems. (Voyez à la fin, table 3.)

66°. (*b*) La distribution des exercices de chaque jour, sera exposée à la vue de tous sous la forme d'un *Tableau* ; et la *Regle*, lue tous les jours publiquement et laissée sous les yeux. Les supérieurs, par leurs exemples et par leurs discours, n'épargneront rien de ce qui pourra inspirer du respect pour cette Regle, laquelle sera un extrait de ce Plan.

67°. Ses cahiers seront corrigés en marge, afin que les fautes soient plus visibles ; et la besogne de chaque jour, numérotée.

68°. Ces cahiers et ces journaux soigneusement conservés, mettront les parens à portée de juger des progrès faits dans le bien et dans la science.

CHAPITRE SECOND.

Culture de l'esprit.

69°. La Science peut être envisagée de trois manieres. 1°. Il y a la science des choses. 2°. Il y a la science des faits ou l'histoire. 3°. La science des mots ou les Langues. La science des choses comprend l'histoire naturelle, la physique ect.

Enseignement.

70°. Ici, il faut se souvenir de ce que disoit Solon donnant ses loix aux Athéniens : ce ne sont pas les meilleures en elles-mêmes, disoit-il ; mais les meilleures que ce peuple puisse comporter. Il en est de même d'un plan d'enseignement. Pour être bon, il faut qu'il soit comme calqué sur les dispositions du disciple, combinées avec les facultés des parens et avec leurs vues. En un mot, il faut un plan adapté et au tems et au lieu.

71°. (*a*) Or un tel plan est bien différent

Enseignement raisonné.

(*a*) Suivant cet ordre, la lecture est postérieure à l'écriture : car on écrit d'abord ; puis, on

de

de celui qu'exigeroit l'ordre essentiel des choses.

72°. (a) Tout le monde convient que les choses doivent passer avant les mots : évi-

lit ce qui a été écrit. L'écriture est postérieure à la parole ; et celle-ci, à la pensée : on pense ; on attache sa pensée à des sons ; ces sons, on les attache au papier ; et cette peinture, on l'offre à l'œil ; c'est-à-dire que l'on exprime ce que l'on a pensé ; et que l'on écrit enfin ce que l'on a ou pensé ou dit, pour le lire après : telle est la génération. Mais la pensée, qu'est-ce autre chose qu'une certaine combinaison de plusieurs idées ? Et ces idées, n'a-t-il pas fallu qu'elles existassent avant de les réunir ? Sans doute et ces idées, elles-mêmes, ne sont que ce que les philosophes appelent sensations réfléchies et dues aux corps qui nous entourent. Une renne vous frappe ; ébranle, chez vous, l'organe de la vue : voilà la sensation. Quand après, on vous parle d'une renne ; vous vous rappelez celle que vous avez vue : voilà l'idée.

2°. Les sensations ou, ce qui est la même chose, l'action des corps sur nous ; sont donc antérieures à tout : et cette action des corps, lorsque nous y appliquons nos regards ; est ce que l'on nomme Histoire naturelle, Physique, arts ect.

3°. La filiation des choses demande donc qu'avant tout, on présente des faits choisis, des faits et non des raisonnemens ; des faits piquants, des faits utiles, puisés, tous, dans le livre où tout homme ayant reçu une certaine éducation devroit savoir lire, dans le livre de la nature ; dans l'Histoire naturelle, dans la Chimie ect. : que l'on meuble ainsi la mémoire ; y entassant, avec ordre, des matériaux dont

tez, dit-on tous les jours, de payer de mots ; apprenez d'abord des choses et que

le Jugement, lorsqu'une telle culture et le tems l'auront développé de concert, puisse construire des raisonnemens solides : et que l'on enseigne ainsi successivement 1°. à penser 2°. à parler 3°. à écrire 4°. et à lire.

Histoire naturelle. 4°. L'histoire naturelle n'est que l'inventaire de de nos richesses. Par-tout, de la variété ; par-tout, une variété piquante. L'Histoire naturelle fait briller l'homme du monde, éclaire le moraliste ect.

5°. La premiere faculté qui se développe chez les enfans est la mémoire : et par-là, l'Histoire naturelle est la premiere chose qui leur convient ; elle n'éxige aucun effort de réfléxion, des yeux et de la mémoire sont tout ce qu'elle demande.

Chimie. Arts chimiques. 6°. L'Histoire naturelle montre les corps dans leur entier, et la Chimie les montre décomposés ; c'est donc ici la place de la Chimie et des arts qui en dérivent.

Physique. Arts Physiques. 7°. De la Chimie, il n'est qu'un pas à la Physique et aux arts qui en dépendent ; et des faits Physiques, la seule chose qu'il faille ici, n'éxigent également aucune contention d'esprit.

8°. De toutes ces sciences, on détache comme une carcasse de faits reconnus pour vrais et relatifs aux usages de la vie.

Géométrie. Dessin. Ecriture. Lecture. Musique. Déclamation. Danse. 9°. La Physique est sœur de la Géométrie : la Géométrie tient au Dessin, à l'Ecriture et à la Musique : l'Ecriture tient à la Lecture ; et la Musique, d'une part, tient à la Déclamation ; et de l'autre, à la Danse, qui donne la main à l'Escrime, au Manège ect.

10°. Ici finissent les objets matériels ou le physi-

les mots ne viennent qu'après. Cependant, c'est tout le contraire que ce qui s'observe d'ordinaire. Par-tout, la lecture a le pas

---

que ; et du physique naît le Moral ou l'Histoire 1°. il y a l'histoire des révolutions physiques. 2°. il y a les révolutions du commerce ; 3°. les révolutions des arts et des sciences, 4°. des loix, 5°. des religions, 6°. des Etats ect. : enfin, il y a la succession des faits relatifs à la conduite de l'homme dans tous les états de la vie. Ce sont-là autant d'histoires particulières ; autant de branches d'une même souche et qu'il faut parcourir, chacune à part ; en commençant par la souche, et allant de branche en branche et de rameau en rameau. Escrime.
Manège.
Histoire.

11°. La Chronologie et la Géographie sont les deux yeux de l'Histoire et cette question : s'il faut commencer par la chronologie moderne ou par l'ancienne, c'est-à-dire, par l'histoire moderne ou par l'ancienne ; se réduit à savoir si quelqu'un, par exemple, qui auroit à parcourir un arbre, feroit mieux de commencer par le tronc ou par les branches. Chronologie.

12°. La Géographie tient à la Physique, à la Géométrie et à l'Histoire. Géographie.

13°. A la Physique ; et son objet est, en parcourant le globe, de montrer la place qu'assigne la nature à chaque production.

14°. A la Géométrie, en mesurant la surface de ce globe.

15°. A l'Histoire, en promenant l'esprit sur la longue suite d'événemens dont ce même globe a été le théâtre.

16°. En suivant cette généalogie des sciences,

avant toute chose. Rien de si difficile pour les enfans, que d'apprendre à lire, de la

---

on les retient mieux ; cet enchaînement qui les lie fait qu'elles se prêtent un mutuel secours, et que l'une mène à l'autre.

Morale.

17°. Si la Morale n'est que la connoissance des devoirs des hommes en société ; si ces devoirs sont une suite de leurs rapports mutuels ; et ceux-ci, de leurs besoins réciproques ; si ces besoins sont fondés sur la propre nature de l'homme ; et si ce qui fait connoître la nature de l'homme sont les choses et les faits ; il s'ensuit qu'étudier ces sciences, c'est étudier la Morale.

Logique.

18°. Les idées ont des points de contact qui les rapprochent, qui en forment un ensemble comme tous les corps de la nature ; et cet ensemble est ce que l'on nomme raisonnement. Les mots sont les représentatifs des idées ; et c'est sur l'ensemble des idées, qu'est calqué l'ensemble des mots. Par-où l'on voit que la Logique, qui apprend à construire des idées, est antérieure à la Rhétorique, qui enseigne à construire des mots.

Rhétori-que.

19°. La Rhétorique montre à narrer soit de vive voix soit par écrit : et narrer, qu'est-ce autre chose qu'associer, entr'elles, les idées selon leur plus ou moins d'analogie ; en distinguant ce qui est principal d'avec ce qui est accessoire, et plaçant à propos chaque circonstance ? Ce qui fait voir de nouveau la dépendance où est la Rhétorique à l'égard de la Logique.

Grammai-re.

20°. L'habitude d'entendre parler purement produit celle de parler purement, soi-même ; et pour qui a contracté cette habitude, il ne s'agit plus que

maniere sur-tout dont on les enseigne ; et la difficulté est double lorsqu'on leur

de le replier sur lui-même, en lui faisant remarquer comme il parle et pourquoi il parle ainsi. C'est alors le lieu de disséquer la parole, s'il est permis de s'exprimer de la sorte ; et il est aisé de le faire quand on a, pour scalpel, un jugement droit et sûr.

21º. Les Langues forment deux classes : les langues vivantes composent la premiere ; et les langues mortes, la seconde. *Langues,*

22o. Toute langue se divise en nomenclature et en syntaxe; et toute nomenclature, en mots radicaux et en dérivés. Les premiers sont les seuls qui coûtent et le nombre en est fort petit.

23º. De toutes les langues, la plus connue et la plus facile est la langue maternelle, qui, par cette raison, mérite d'être cultivée la premiere.

24º. Les langues empruntent, les unes des autres, des termes, des tours ; et la marche de toutes est la même à certains égards.

25º. La langue Russe, la Latine et l'Allemande, les deux premieres sur-tout; ont de grands traits de ressemblance : même liberté de transposer les mots, même liberté de les supprimer. *Russe, Allemande,*

26º. Les langues, Latine, Françoise, Italienne et Anglaise; se ressemblent davantage encore ; par une foule de termes, de tours même, empruntés : tellement que le passage du François à l'Italien; et de l'un et l'autre, au Latin; est peu de chose avec le fil d'une bonne méthode. *Françoise, Italienne.*

27º. L'Allemand ne coûte pas beaucoup à qui sait l'Anglois.

28º. Cette parenté qui lie les langues entr'elles,

fait lire des choses inintelligibles pour eux. Néanmoins, l'usage prévaut ; et tout ce que les sages ont pu alléguer contre, n'a été que comme de foibles digues bientôt emportées par le torrent.

73°. Chaque connoissance est assise sur une base : cette base, ce sont les principes ;

---

et cet axiome ou cette vérité qui est que l'on doit enseigner premièrement des choses aisées et connues ; assignent, comme on voit, la préférence, après la langue maternelle, à la langue qui y tient de plus près et qui par-là, doit moins coûter à apprendre : et ainsi des autres langues successivement jusqu'aux langues mortes, les dernieres de toutes ; mettant à part ce qu'elles ont de commun entr'elles ; et à part ce qui les différencie ; comparant la nomenclature d'une langue avec la nomenclature d'une autre, la syntaxe d'une langue avec la syntaxe d'une autre, et toutes les langues avec la maternelle.

29°. Cette maniere d'étudier les langues, par les rapports qu'elles ont avec une langue donnée et prisé pour terme de comparaison, est la voie la plus sure et la plus aisée.

30°. Une chaîne semblable, pour être parcourue, ne demanderoit pas plus de tems, que ce que l'on en donne d'ordinaire à l'éducation ; et sans surcharger l'esprit, on apprendroit plus de choses et on les apprendroit mieux. Une sage économie en régleroit la dépense, et la dépense ne seroit rien moins qu'excessive. Mais un tel plan doit sembler chimérique, en égard à l'état actuel de la société et à ce qui se pratique communément.

et ce que l'on sait par principes, comme on
dit, on le sait mieux, on le retient mieux.
L'étude des principes, dans quelque science
que ce soit, tourne toujours au profit du
jugement. C'est pourquoi, en tout, on s'at-
tachera aux principes.

74°. L'enfant apprendra donc à lire suivant les principes de la Lecture. Ce qu'il
ne faut pas prendre dans le sens le plus
étendu, lire avec art étant une chose trop
au-dessus de l'esprit borné d'un enfant.
La seule chose donc qu'il faille entendre
ici, est que l'enfant articule distinctement ;
donne aux sons le dégré de force qui leur
convient ; observe les longues, les brèves ;
ne contracte aucun mauvais accent ; et s'ar-
rête-là où il y a quelque pause ; plus, en
certains endroits ; et moins, dans d'autres.

75°. A la lecture succede l'écriture, qui
doit s'apprendre de même, c'est-à-dire,
conformément aux bons principes.

76°. Colbert, le grand Colbert faisoit un
cas tout particulier d'une belle pièce d'é-
criture. En effet, rien de plus séduisant,
qu'une belle pensée où brille le coloris de
l'expression et la beauté du caractere.

77°. Viennent les Langues. L'usage ré-
gne encore ici avec la même tyrannie ; et
la préférence est accordée aux langues dont
on prévoit avoir un besoin, ou plus grand

Alleman-de.

ou plus prompt. En ceci comme en beau-coup d'autres choses, c'est le besoin qui commande.

78°. Les Langues, Russe, Allemande et Françoise ; sont les langues dominantes (*a*) : et on les enseignera, conformément au *cours* de *langue Françoise* lequel se trouve à la fin de ce plan (*b*).

Géogra-phie.

79°. Les Langues sont suivies de la Géo-graphie, et la connoissance de son propre

---

78°. (*a*) En Russie, où, comme il est dit dans *l'avant-propos*, ces Réflexions ont été imprimées pour la première fois ; ce que l'on cru devoir, par cette note-ci, ajoutée à l'Original, rappeler de nouveau au Lecteur. Ici, l'Auteur, en passant, ne peut s'empêcher de former, avec les vrais philosophes, un souhait dicté par le Patrio-tisme : c'est que désormais, après avoir renversé l'arbre de la féodalité, nous arrachions, du champ de l'Education, nos gothiques préjugés ; et que, dans l'*Instruction Publique*, ne fût-ce que pour mieux connoître le génie de la Langue Françoise, on lui associe, par un mariage d'ailleurs utile au commerce, à la communication de peuple à peuple et au progrès des lumieres, les principales Langues vivantes de l'Europe, que l'on feroit marcher de pair, afin de s'élever par-là de parallèle en paral-lele, comme par autant d'échelons, à la connoissance de l'Art de la parole.

(*b*) Toutes les Langues ont une même marche, et la maniere de les enseigner sera la même.

pays

pays est celle qu'acquerra l'enfant avant tout. On lui fera connoître ensuite les pays voisins ; puis, les pays plus éloignés.

80°. La Géographie est aussi attrayante par elle-même, que la manière ordinaire de l'enseigner est dégoûtante. Aussi, l'oublie-t-on d'autant plus vîte, que l'on a mis plus de tems à l'apprendre.

81°. Il en est des choses abstraites comme des choses physiques à certains égards ; et pour qu'elles aient plus de prise, il faut leur prêter comme une sorte de mordant. Un phénomene qui aura brillé quelque part, un événement remarquable, une plante, un animal, quelque procédé curieux en fait d'arts ect. ; sont ce qu'il y a de plus propre à fixer, dans la mémoire, la position d'un lieu : et rien n'empêche d'y avoir recours (*a*).

82°. L'Histoire , qui vient après , se divise ; en histoire sacrée et en histoire *Histoire.*

81°. (*a*) Une chose essentielle est le choix des cartes, les plus exactes et les plus nettes sont celles qu'il faut. La même précaution doit présider à l'achat des livres : et l'on doit préférer les éditions les plus correctes, les impressions les plus belles ; sans croire les faux conseils d'une sordide économie. Autant qu'il se pourra et cela auprès des enfans sur-tout, que le beau soit toujours à côté du bon.

profane, en histoire ancienne et en histoire moderne, en histoire générale et en histoire particulière.

83°. Ici, l'on se conformera encore à l'usage ; et l'histoire moderne sera celle par où l'on commencera. On étudiera d'abord l'histoire de son pays ; puis, celle des pays voisins ; et enfin, l'histoire des pays plus éloignés.

Mythologie.

84°. La Mythologie est fille de l'histoire et ne doit point en être séparée. Elle ne doit pas non plus aller sans la Géographie, ni même sans la Chronologie jusqu'à certain point. Dans la Mythologie, il faut détacher ce qu'il y a de vrai, mettant à part les mensonges des Poètes ; à part, les allégories bâties sur ces mensonges ; et tirant un voile discret sur les obsénités autant qu'il se pourra. Un autre point de vue est de rapprocher à propos ce système de Religion des Grecs et des Romains, du système (a) de Religion que suit l'éleve.

84°. (a) Le Lecteur se rappelera que ces *Réfléxions* ont été composées et imprimées en Russie, pays, où, quoique presque toutes les Religions y soient, jusqu'à certain point, tolérées ; néanmoins, tout ce qui a l'apparence de vouloir y faire des prosélytes, est regardé comme un crime et poursuivi comme tel. Mais aujourd'hui que, grace au Ciel, l'Auteur est en France ; il croit devoir, en faveur

85°. *La Musique et la Danse font aussi partie de l'éducation. Plusieurs personnes y joignent la Déclamation ; un peu de ce que l'on nomme Style épistolaire ; quelque fois, le Dessin ; les Armes plus rarement ; et le Manège, plus rarement encore.* Danse, Dessin, Armes, Manège.

86°. De tous les instrumens, le plus beau, le plus varié, le plus facile et le plus portatif ; est la voix. La musique vocale, supérieure à beaucoup d'égards à la musique instrumentale ; a de plus l'avantage d'embellir la déclamation et de prêter de la grace à la prononciation. Mais la musique instrumentale fatigue moins ; et d'ailleurs, c'est celle que l'on préfère communément (*a*). Musique.

---

des personnes moins instruites, ajouter à l'Original cette remarque : c'est que par *système*, selon son étymologie, l'Auteur , dans l'emploi qu'il a fait de ce mot, n'a entendu et qu'il n'entend autre chose qu'un assemblage d'opinions religieuses qui , vraies ou fausses , n'en forment pas moins, liées l'une à l'autre, un corps de doctrine quelconque , harmonieux dans le Christianisme et monstrueux dans le Paganisme.

86°. (*a*) On pourroit appeler la Musique la langue des Dieux écrite en lettres barbares. Par combien d'épines ne faut-il pas que l'on passe avant d'arriver aux fleurs ! Laissez la routine ordinaire et son épais nuage. Consultez la Physique premièrement ; puis, le Calcul : et ne puisez que dans ces

87°. Les principes de la Musique sont insé-
parables de la Géométrie ; et la Géométrie
est inséparable de toute bonne éducation,
elle en est comme le point central : la Morale même n'est que la Géométrie appliquée
d'une certaine façon.

88°. La Géométrie, comme toutes les
autres sciences, exige beaucoup de méthode ;
et enseignée par un habile maître, elle
devient extrêmement aisée. Il s'agit seulement de ne rien supprimer d'intermédiaire ;
de ne jamais enfreindre l'ordre d'antério-
rité, cet ordre qui fait que telle chose est
montrée avant telle autre ; et de ne point
supposer à l'éleve des notions qu'il n'a pas
encore acquises.

89°. La Géométrie sera donc enseignée,
parce qu'elle est nécessaire et que l'usage
le permet.

90°. *La Déclamation tient à l'Histoire et
à la Géographie, à la Morale, à la Logique
et à la Rhétorique, à la Grammaire, à la
Danse et à la Musique.*

deux sources, les seules où la Nature ait caché les
principes féconds de la Musique, principes simples,
principes clairs, principes aisés. La Musique ainsi
enseignée ne se borne point à l'oreille ni au cœur :
elle exerce l'esprit en lui faisant appliquer le calcul
au sentiment, elle l'accoutume à se fixer, elle l'ai-
guise, elle l'étend.

91º. *C'est Auguste pardonnant à Cinna dans Corneille. On fait d'Auguste un portrait composé des principaux traits de sa vie. Sur une table chronologique, on montre la place qu'y occupe ce Prince; et sur la carte, la ville qu'il habitoit. Suivent les remarques ; sur les pensées, sur le style, sur les gestes et sur la prononciation. Cet exercice ainsi pratiqué peut servir beaucoup.*

92º. *La Déclamation est une école de vice ou de vertu. Accompagnée des précautions convenables, elle nourrit le cœur et l'esprit, que, sans ces mêmes précautions, elle corrompt, l'un et l'autre.*

93º. Anciennement, dit-on, l'harmonie des vers étoit consacrée à l'harmonie des actions; et la vertu seule étoit chantée par la poésie. Depuis, on a prostitué celle-ci en lui proposant le vice pour objet de ses chants.

94º. La Poésie sera ramenée à sa destination primitive; et parmi les plus beaux morceaux, on fera un choix de ceux qui ornant la mémoire, peuvent éclairer l'esprit, corriger de mauvais penchans ou fortifier de bonnes inclinations (a).

______

94º. (a) Ce choix peut s'étendre aux écrivains prosaïques. Dans les meilleurs livres, tout n'est pas également vrai, également nécessaire. Un bon livre

95°. Écrire une lettre n'est autre chose que converser par écrit ; et pour y réussir, il faut de la pratique et du jugement.

96°. On écrit à un supérieur ou à un égal ect., sur des matières graves ou légeres ect. ; autant de styles différens.

97°. L'usage du monde fait beaucoup en ceci.

98°. Une lettre bien écrite a souvent fait la fortune à son auteur, et c'est toujours une pierre de touche pour juger de celui de qui elle part.

99°. On cultivera le style épistolaire ; et pour plus de progrès, on peut établir quelque correspondance entre l'éleve et quelqu'autre personne réelle ou supposée (a).

---

est comme un bon fruit qu'il faut presser ; le suc est ce qu'il faut, le reste est inutile.

99°. (a) Dans l'éducation publique, parmi les objets d'enseignement ; les uns peuvent être considérés comme les parties constitutives de l'éducation. Ces parties essentielles et immuables sont : 1°. la Religion, 2°. la Lecture , 3°. l'Ecriture, 4°. le Calcul , 5°. l'Orthographe, 6°. la Ponctuation, 7°. une certaine teinture de ce que l'on nomme style épistolaire, 8°. des notions générales de Géographie, de Chronologie, d'Histoire et de Mythologie, 9°. celles des Langues dont l'usage est le plus fréquent et le plus universel ; comme en Russie, les langues,

100°. Narrer par écrit et narrer de vive voix; sont à quoi se réduit, de nos jours, en plus grande partie, l'art des Rhéteurs dans la plupart des Gouvernemens.

101°. *Rien ne flatte tant que d'entendre*

Russe, Françoise et Allemande. Les autres objets d'enseignement; la Danse, par exemple; la Musique; le Dessin; les Mathématiques; la tenue des livres de Comptes en parties simples et doubles; les Langues, Italienne, Angloise, Latine ect. : sont des parties accessoires qui dépendent des vues particulières des parens.

A l'égard de la Religion; chaque enfant, à des jours fixes, sera instruit dans celle de ses parens : la journée commencera par des actes publics de Religion, elle finira de-même et chaque enfant priera selon sa croyance particulière; les Grecs, ensemble, les Catholiques, ensemble; les Protestans, ensemble.

La Ponctuation est une chose aussi importante par elle-même, qu'elle est négligée par les esprits superficiels. Elle est l'expression des divers rapports qui lient, entr'elles, les diverses parties d'un raisonnement; et ces rapports sont les mêmes en toute langue : la pensée est une en tout pays et il n'y a de variété que dans la manière dont on l'habille, c'est-à-dire, dans les sons et dans leurs combinaisons. De-là, il suit que les regles de la ponctuation sont des regles uniformes et générales; que bien enseignées, elles sont comme un cours de logique; et que l'on peut juger surement de l'esprit d'un homme par sa manière de ponctuer. La ponctuation donc fera partie de l'enseignement, et y occupera un rang proportionné au dégré d'utilité dontelle est.

quelqu'un narrer avec grace. Un homme qui sait narrer donne du prix aux moindres choses ; et de sa bouche, il sort comme des chaînes d'or qui captivent tout ce qui l'entoure.

102°. L'art de narrer est un assemblage de plusieurs qualités ; une imagination fleurie, un esprit orné, une judiciaire nette, une connoissance fine de toutes les bienséances, une voix douce et un maintien noble et simple ; sont les plus nécessaires. L'habitude y contribue beaucoup : et l'éleve la contractera; si, le faisant lire souvent, après chaque lecture et le livre fermé, on l'oblige à en rendre compte de vive voix, en lui faisant remarquer ce qu'il aura ou omis ou déplacé mal à propos.

CONCLUSION.

Emploi des talens.

103°. Toutes ces connoissances, sans doute, sont très-estimables. Mais quelque belles qu'elles soient ; elles ne sont rien, et l'éclat dont elles brillent n'est qu'un faux éclat, un éclat trompeur : si le bon usage que l'on en fait n'en releve le prix. Dans un mauvais cœur, la science tourne en poison. C'est le sage emploi des talens qui fait le citoyen ; et le citoyen, comme on l'a dit d'abord, est la seule chose que puisse avoir en vue un Gouverneur honnête homme. C'est de lui que cela dépend, il est comme le pivot de la machine.

104°.

104°. *Après le choix de ce Gouverneur, la chose donc qu'il importe le plus est de le conserver. Il est difficile de changer impunément de médecin ; ce qui est plus vrai encore au moral qu'au physique, principalement en fait d'éducation. Mais on n'aura rien à craindre de semblable ; si l'on considere l'espece de dette qu'acquitte le Gouverneur, la peine attachée à ses devoirs, la difficulté de le remplacer, le préjudice que causeroit son éloignement, et l'importance dont il est qu'il ait l'esprit tranquille sur l'avenir (a).*

104°. (*a*) L'on ne peut sans ingratitude, refuser ou même trop faire attendre, à moins d'y être forcé, son salaire à une personne à qui l'on a confié une éducation. L'ingratitude est plus criante encore : lorsque dans une maison consacrée à élever la jeunésse, par l'inexactitude des payemens et contre toute pudeur, on diminue, si l'on ne l'arrête, faute d'une circulation aisée, le mouvement de cette machine, déja sans cela si difficile à bien mouvoir, ici sur-tout.

Une telle ingratitude tient de la stupidité. Un pere, en donnant la vie à son enfant, n'acquiert, par un acte aussi peu coûteux, que l'obligation de bien élever l'enfant. Une suite non interrompue de soins et d'efforts pénibles est ce qui compose cette bonne éducation, laquelle seule assure à ce pere, sur la reconnoissance et la tendresse de l'enfant, un titre réel et durable : or la bonne éducation est l'ouvrage des bons maîtres ; et les bons maîtres,

F

105°. Les hommes sont par-tout les mêmes à plusieurs égards, et la manière de les captiver est la même. Des procédés droits et un salaire proportionné aux sacrifices qu'ils font, sont le lien dont on les enchaîne.

---

celui des bons parens. Le savoir des maîtres et leur vigilance sont comme une marchandise qu'ils échangent, contre une dose proportionnée de considération et d'argent : et cette dose diminuant, celle des maîtres doit diminuer en proportion, comme l'effet doit diminuer quand la cause diminue; avec cette différence, que les maîtres peuvent altérer ce qu'ils livrent, sans que les parens puissent s'en appercevoir qu'au bout d'un long-tems, qu'après qu'il n'est plus tems d'y rémédier, et par les chagrins inévitables que leur causent, souvent pour toujours, des enfans mal élevés. Se refuser à des considérations si palpables, c'est refuser de convenir que la société n'est qu'une chaîne d'échanges, et que les hommes ne sont que ce qu'on les fait.

PRÉCIS ANALYTIQUE

DU PLAN.

I. En rapprochant sous un même coup d'œil, les principaux objets du *Plan* : on voit que le but que l'on s'y propose est de préparer, dans l'enfant, un nouveau citoyen à l'Etat ; et un ami sûr, aux parens.

II. La premiere chose à laquelle on s'attache est la formation du cœur.

III. La vie que mene l'enfant est une vie retirée, uniforme, réglée et laborieuse.

IV. Sa nourriture est saine et abondante.

V. Les récréations propres à délasser l'esprit sont les seules permises.

VI. Les deux sexes sont soigneusement surveillés, tenus séparés, avec des gens sages et dans la plus grande propreté.

VII. La vigilance la plus scrupuleuse et la plus assidue, la prudence et le courage, la douceur et la modestie ; sont les vertus que l'instituteur se propose de pratiquer le plus fidellement qu'il lui sera possible.

VIII. Les soins du ménage ne sont point

pour lui. Présider aux exercices et servir d'exemple, telle est sa tâche.

IX. Celle des maîtres est d'enseigner avec douceur, d'être patiens et honnêtes. L'exactitude et la capacité sont des qualités que l'on exige d'eux.

X. Les domestiques sont des domestiques choisis. L'amour du jeu, de la boisson et de la débauche, sont des titres qui les font exclure.

XI. On fait grand cas des récompenses. Les plus honorables sont pour la bonne conduite. Ces récompenses sont des livres, un ruban ou une croix.

XII. Les châtimens sont rares, proportionnés aux fautes et infligés avec douceur.

XIII. Le bien et le mal que fait l'élève est écrit et laissé sous ses yeux.

XIV. La *regle* est exposée par écrit à la vue de tous.

XV. Les éleves sont partagés ; les plus forts concourant avec les plus forts ; et les plus foibles, avec les plus foibles.

XVI. Dans l'enseignement, c'est l'usage que l'on suit et la volonté des parens.

XVII. Ce que l'on enseigne, on l'enseigne par principes.

XVIII. La religion, la lecture, l'écriture, le calcul, l'orthographe, la ponctuation, la manière d'écrire une lettre, la géographie, la chronologie, l'histoire et la mythologie : sont les choses que l'on enseigne ; les unes, plus profondément ; et les autres, moins ; selon leur plus ou moins d'utilité. Les langues, Russe, Françoise et Allemande ; sont cultivées avec soin et enseignées par une même méthode. Ces objets-là sont comme la base de l'éducation. Ceux qui suivent, tels que la danse, la musique, le dessin, les armes, les mathématiques, la tenue des livres de compte ; les langues, Italienne, Angloise, Latine ect. : sont autant de parties qui dépendent de la volonté des parens.

XIX. Les meilleurs auteurs sont ceux dont on se sert ; les meilleures cartes, celles que l'on emploie ; et l'on met les matières les plus à la portée des enfans qu'il est possible, par des extraits faits en chaque genre le plus méthodiquement qu'il se peut.

XX. Tout ce qui pourra améliorer l'éducation, sera toujours adopté volontiers.

XXI. Tel est le précis de ce plan, dont la parfaite exécution ne peut avoir lieu ; si les parens ne s'imposent pas l'obligation d'y concourir autant qu'il est en leur pouvoir.

REMARQUES
AJOUTÉES A L'ORIGINAL.

1º. Sur le *Plan d'un cours de langue Françoise*, cité dans *l'Avertissement*.

CE *Plan d'un cours public de langue Françoise*, lequel a été imprimé séparément à S.
Pétersbourg ; ne s'est trouvé, ni en manuscrit
ni imprimé, dans aucun des papiers que, par
miracle, l'Auteur a dérobés aux fureurs de la
persécution et apportés de la Russie avec lui.
Mais cette lacune, s'il ne la remplit pas ; du moins,
la réparera-t-il abondamment par plusieurs pièces
qui, sous la presse, après sa *Lettre au Comité
d'Instruction Publique*, sur son *Nouveau Système de lecture applicable à toutes les langues*,
vont suivre ces *Réfléxions* et qui auront pour
titre ; l'une, *le petit-fils du manœuvre à l'Impératrice de toutes les Russies* ; et l'autre, *la
justice rendue sous Catherine II ect.* On les
trouvera-là où se trouveront ces *Réfléxions* ; rue
S. Martin, No. 344 ; et pont S. Michel.

2º. Sur l'emploi des *Tables* qui suivent

Le Disciple apprend bien ou mal, ou apprend
médiocrement ou n'apprend rien. Ces gradations
du bien au mal, que l'on peut multiplier par *bien*
ou *très-bien* et *par mal* ou *très-mal* ; le Maître,
jour par jour, les désignera selon l'espece de besogne, dans la colonne destinée pour cela, par
des signes qu'il aura invariablement adoptés, tels,

par exemple, que ceux-ci qui désignent; B, très-bien; b, bien; p, passablement; m, mal; M, très-mal; o, rien, c'est-à-dire que l'écolier n'aura pas fait la besogne indiquée, par le titre de la colonne où se trouvera placé le signe.

Ce que l'on vient de dire doit s'appliquer aux deux premières *Tables*. Quant à l'*errata*, il faut que l'écolier, lui-même, car ce que l'on a fait, soi-même, on le retient mieux, prenne la peine d'écrire ses fautes sur la première colonne; et vis-à-vis, sur l'autre, la correction sous la dictée du Maître.

Chaque Eleve doit avoir, pour son usage propre, une certaine provision de *Tables*, sinon les mêmes, du moins dressées dans le même esprit et adaptées aux circonstances.

Peut-être, car *La critique est aisée.....* m'objectera -t-on que ces détails sont minutieux et qu'ils exigent beaucoup d'attention et de patience ect.. Objections frivoles, dictées par la paresse et auxquelles, après ce que j'ai dit, tant dans l'*Avertissement* que dans le corps de l'ouvrage, art. 35°. et ailleurs, je n'ai qu'une chose à répondre : c'est qu'il s'agit, ici comme en Politique, non de beaucoup faire mais de bien faire; et qu'il faut, après tant de siècles de légèretés, non un feu de paille qui s'allume et qui s'éteigne aisément, mais un feu durable. D'ailleurs, j'ai fait usage de *tables* semblables, où, jour par jour, je marquois les fautes de mes éleves; et m'en suis bien trouvé. Or ce que j'ai fait de la sorte, d'autres, avec le même zele, peuvent le faire avec le même succès. Enfin, ces *Réflexions*, je les adresse, non aux beaux esprits mais aux bons esprits, les seuls que, lorsque j'écris, j'ai en vue.

F I N.

E R R A T A

Avant - propos ligne 15 entiérement *lisez* entièrement
Page   9 *note* telle maison *lisez* telle maison,
    13 *no.* 29 *ligne* 2 quil *lisez* qu'il
    15 *no.* 53 *ligne* 7 qui au *lisez* qui, au
    23 *note ligne* 1 covient *lisez* convient
           ligne 5 conoître *lisez* connoître
    26 5. *ligne* 4 n'éxige *lisez* n'exige
    27 11. *ligne* 3, 4 l'aucienne *lisez* l'aucienne
    32 [*a*] *ligne* 4 cru *lisez* a cru
    36 90. *ligne* 1 lHistoire *lisez* l'Histoire
    39 1er. alinea *ligne* 6 ensemble, *lisez* ensemble ;
    44 IX *ligne* 2 patieus *lisez* patients

De l'Imp. de R O B L O T, rue de la Huchette, No. 18.

TABLE DE VIE.

Année 179	Politesse.	Propreté.	Exactitu-de.	Docilité.	Mois.	Jours.
Lundi						
Mardi.						
Mercredi						
Jeudi.						
Vendredi.						
Samedi.						
Dimanche						
Lundi. ect.						

pour M

Année

M

le ; on l'une et l'autre,
ibuées

TABLE D'ETUDES

2e. *table.*

ANNÉE 179	Heure du lever.	Écriture en langues			Lecture en langues				Leçons par cœur en langues					Traduction de la langue Russe en langues				Traduction en langue Russe, des langues				Danse	Musique	Dessin	Absence	Heure du coucher.	Mois.	Jour.
		Russe	Allemande	Françoise	Russe	Allemande	Françoise	Italienne	Russe	Allemande	Françoise	Italienne	Latine	Allemande	Françoise	Italienne	Latine	Allemande	Françoise	Italienne	Latine							
Lundi.																												
Mardi.																												
Mercredi.																												
Jeudi.																												
Vendredi.																												
Samedi.																												
Dimanche.																												
Lundi. ect.																												

pour M

Remarque. Pour épargner au compositeur un surcroît de peine inutile ; on s'est abstenu de prolonger ces deux premières tables , qui doivent , l'une et l'autre, contenir quatre semaines , distribuées de la même manière que ce que l'on vient d'exécuter.

3e. *table.*
Année
179

Mois. | Quantième.

E R R A T A.

Fautes.	Corrections.

pour M

MESSIEURS du Comité d'Instruction Publique.

AVANT de Publier ces *Réfléxions sur l'Education*, j'ai pensé que le premier exemplaire de cette production, quelle qu'elle fût, vous appartenoit de droit: et ce tribut de mon dévouement, je m'empresse à l'acquitter, avec non moins de confiance, que si j'avois à vous offrir quelque chose de mieux; persuadé, comme je le suis, que votre générosité suppléra à la médiocrité du don.

De retour en France, après une longue absence; et dépouillé de toute ma fortune, chez l'Etranger, par la loi du plus fort: j'ai dû, Messieurs, solliciter d'abord la protection du Ministère contre cette violation du droit des gens; et diriger principalement, vers cet important objet, mon attention et mes démarches. Ainsi, ne pouvant, ni rassembler ni lire ce que la Révolution a enfanté d'écrits sur l'éducation; je me suis borné, là-dessus, à présenter les choses telles que, long-tems avant, je les ai vues selon la sphere où j'étois.

MESSIEURS du Comité d'Instruction Publique.

AVANT de Publier ces *Réfléxions sur l'Education*, j'ai pensé que le premier exemplaire de cette production, quelle qu'elle fût, vous appartenoit de droit: et ce tribut de mon dévouement, je m'empresse à l'acquitter, avec non moins de confiance, que si j'avois à vous offrir quelque chose de mieux; persuadé, comme je le suis, que votre générosité suppléra à la médiocrité du don.

De retour en France, après une longue absence; et dépouillé de toute ma fortune, chez l'Etranger, par la loi du plus fort : j'ai dû, Messieurs, solliciter d'abord la protection du Ministère contre cette violation du droit des gens; et diriger principalement, vers cet important objet, mon attention et mes démarches. Ainsi, ne pouvant, ni rassembler ni lire ce que la Révolution a enfanté d'écrits sur l'éducation; je me suis borné, là-dessus, à présenter les choses telles que, long-tems avant, je les ai vues selon la sphere où j'étois.

Dans cet ouvrage, vous verrez, Messieurs,
que j'ai préparé pour vous une lettre ; et j'ajoute
qu'on l'imprime. Dès qu'elle sera sortie de la
presse, j'aurai l'honneur de la soumettre à votre
jugement.

Je suis avec un profond respect

MESSIEURS,

Votre très-humble et
très-obéissant serviteur,

Paris

ce   Février   J. B. Maudru
     1792.   citoyen François du dépar-
                        tement des Vosges.

LETTRE CIRCULAIRE

M

EN 789 et 790, à S. Pétersbourg, où, par un effet de la haine que l'on y portoit à notre Révolution, on m'a lâchement, parce que j'étois François, enlevé, après un séjour de dix-sept ans, tout ce que j'y possédois ; j'ai, parce qu'il le falloit, envoyé, avant que je pusse prévoir que l'on se permettroit, contre moi, d'aussi scandaleux excès, au Gouverneur et au Gouverneur-général de cette ville-là, mes ennemis ; au premier, en 789, une lettre ; et au second, en 790, un Mémoire, datés ; la Lettre, du 25 Octobre ; et le Mémoire, du 26 Mars, dans lesquels, à la fin, je m'exprimois ainsi : dans la Lettre, « . . . . je soupire après l'heureux moment où je pourrai revoir ma Patrie, la revoir et lui consacrer ce qu'il me reste de vie » ; et dans le Mémoire « , ... c'est depuis cette époque qu'au nom de François, que je porte, j'ai ajouté les titres d'Iménité (*a*) et de Professeur. Je suis prêt à quitter ces derniers quand on le voudra, et à verser jusqu'à la dernière goutte de mon sang pour le premier ».

Ces sentimens, qu'alors et sans m'afficher, je me faisois gloire de professer selon l'occasion ; et qu'à cinq cents lieues de ma Patrie, dans un pays qui ne connoît que l'esclavage et le despotisme, j'ai osé, également éloigné de l'enthousiasme et de l'égoïsme, manifester en homme vrai : ces sentimens, oui, *M*   , tant qu'il me restera un souffle de vie ; je me ferai gloire de les retracer

---

[*a*] Bourgeois notable.

dans ma conduite. Faites-moi l'honneur de croire que, dans sa vaste enceinte, la France n'enferme aucun citoyen plus franc et plus dévoué que moi à la chose publique ; et daignez accepter avec bonté l'hommage respectueux que j'ose vous offrir d'un exemplaire de mes *Réfléxions sur l'éducation*, que j'aurois fait relier si la fortune ennemie ne m'en avoit ôté les moyens.

Je sais, *M*   , combien le don que j'offre est de peu de valeur : mais j'ai plus d'un motif qui, aujourd'hui, m'excite à réclamer, en ma faveur, votre attention pour l'avenir ; et j'ai dû, par la démarche que je fais, la solliciter d'avance.

Je suis avec un profond respect

M

Paris
ce   Février
1792.

Votre très-humble et très-obéissant serviteur

citoyen François du département des Vosges.